하루 15분 바른 글씨 연습

또박또박
단정한 글씨

저자

한지혜

서울교육대학교 교육전문대학원(석사)을 졸업한 현직 초등학교 교사로, 기적이 일어나는 교실에서 학생들과 매일 재잘거리며 살고 있습니다. 기록하며, 기억하고 기대하는 삶을 살고자 합니다. 2017년에는 EBS와 NAVER 합작 스쿨잼에 글을 연재하며 교사, 학생, 학부모에게 다양한 콘텐츠를 제공했고, 2018년에는 초등 3학년 지역화 교과서를 집필했습니다.

대표 저서

『1일 1쓰기 초등 영어일기』, 『새콤달콤 속담 사전』, 『새콤달콤 고사성어 사전』, 『새콤달콤 우리말 국어 사전』, 『영어 수업 놀이 111』, 『교실을 엿보다(공저)』, 『어린이 과학 놀이터(공저)』, 『엄마표 과학 놀이터(공저)』 등

하루 15분 바른 글씨 연습

또박또박 단정한 글씨

저자 한지혜

초판 1쇄 인쇄 2024년 12월 23일

초판 1쇄 발행 2025년 1월 3일

발행인 박효상

편집장 김현   **기획·편집** 장경희, 이한경   **교정 진행** 안현진   **디자인** 임정현

표지·내지 디자인 이은희   **삽화** 전지민   **마케팅** 이태호, 이전희   **관리** 김태옥

종이 월드페이퍼   **인쇄·제본** 예림인쇄·바인딩

출판등록 제10-1835호   **발행처** 사람in

주소 04034 서울시 마포구 양화로 11길 14-10 (서교동) 3F

전화 02) 338-3555(代)   팩스 02) 338-3545

E-mail saramin@netsgo.com

Website www.saramin.com

책값은 뒤표지에 있습니다. 파본은 바꾸어 드립니다.

ISBN

979-11-7101-123-0 73700

우아한 지적만보, 기민한 실사구시 **사람in**

어린이제품안전특별법에 의한 제품표시	
KC **제조자명** 사람in **제조국명** 대한민국 **사용연령** 5세 이상 어린이 제품	**전화번호** 02-338-3555 **주 소** 서울시 마포구 양화로 11길 14-10 3층

하루 15분 바른 글씨 연습

또박또박
단정한 글씨

한지혜 지음

사람in

어린이 여러분, 공부를 잘하고 싶나요?

공부를 잘하기 위한 비법을 하나 알려 줄게요. 바로 글씨를 바르게 쓰는 거예요. 글씨를 또박또박 쓰면 정리 정돈이 잘 되어 공책에 적은 내용들이 한눈에 들어오거든요. 마인드맵이나 공부장, 시간표, 알림장 등에 깔끔하게 적힌 글을 보면 내가 지난 시간에 무엇을 공부했는지, 앞으로 어떤 공부를 할 건지 쉽게 알아볼 수 있어요. 또한 지금 어떤 것이 필요한지, 무엇이 중요한지도 쉽게 알 수 있어요. 반면 비뚤비뚤 쓴, 내가 적었지만 나도 못 알아보는 글씨를 본다고 생각해 보세요. 어떤 내용을 적었는지, 무엇이 중요한지 알아보기 힘들고, 무엇을 해야 할지 감이 잡히지 않죠. 이렇게 되면 시간을 낭비하게 되고 공부할 시간은 줄어들게 된답니다.

선생님이 학생들의 국어 시험지를 채점할 때를 떠올려 볼게요. 글씨를 바르게 쓴 학생들의 시험지에서는 무엇을 말하고 있는지 답이 한눈에 보여요. 하지만 비뚤비뚤 글씨를 쓴 학생들의 시험지에서는 이 답이 도대체 무엇을 뜻하고 있는지 알 수 없는 경우가 자주 있었답니다. 그래서 공부를 잘하기 위해서는 글씨를 바르게 쓰는 것이 좋아요.

어린이 여러분, 멋진 몸과 예쁜 얼굴을 만들고 싶나요?

멋진 마음과 예쁜 얼굴을 만들기 위한 비법을 하나 알려 줄게요. 바로 글씨를 바르게 쓰는 거예요. 글씨를 바르게 쓰기 위해서는 바르게 앉아야 해요. 바르게 앉는 노력을 하면 자연스레 나의 자세와 태도가 발라집니다. 책상과 의자에 바르게 앉게 되지요. 허리와 어깨를 펴고 다리를 살짝 벌리고 의자 끝에 엉덩이를 넣어 앉게 되지요. 이렇게 바른 자세로 앉는 습관을 들이다 보면 건강한 몸이 만들어집니다. 요즘 척추 옆굽음증을 가지고 있는 학생들을 많이 볼 수 있어요. 책상과 의자에 바르게 앉는 습관이 들지 않았기 때문이에요. 바른 글씨를 쓰는 연습을 하다 보면 균형 잡힌 몸이 만들어지고, 이런 몸은 예쁘고 아름다운 마음까지 덤으로 갖게 만듭니다.

어린이 여러분, 바른 글씨를 쓰고 싶나요?

  보통 3주, 즉 21일 정도의 시간이 지나면 습관이 만들어진다고 해요. 이 책과 함께 바른 글씨를 쓰는 연습을 매일 15분씩 한 달만 노력해 보세요. 한 달 동안 조금씩 조금씩 노력하다 보면 어느새 자연스럽게 바르게 글씨를 쓰고 있는 스스로를 발견할 수 있을 거예요. 하루에 꼭 15분이 아니어도 짧게는 5분도 좋고, 길게는 30분도 좋아요. 천천히 두 달이 걸려도 좋고, 석 달이 걸려도 좋아요. 처음부터 끝까지 이 책 한 권을 모두 끝내 보는 거예요. 선생님이 응원할게요. 파이팅! 그럼 준비되었나요?

한지혜

이 책의 구성

『또박또박 단정한 글씨』는 초등 공부력을 높이기 위한 반듯한 글씨체를 형성할 수 있도록
차근차근 단정하게 단어부터 문장, 동시까지 연습할 수 있게 구성했어요.

파트 1 글씨 쓰기 준비하기

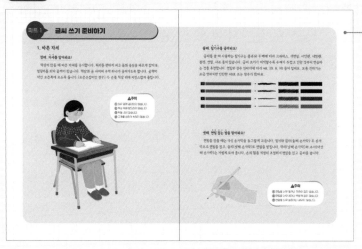

바른 글씨를 쓰기 위해 준비하고
기억해야 할 것들을 쉽고 간단히
설명합니다.

파트 2 글씨 기본 연습하기

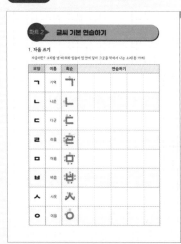

한글 자음과 모음을 획순에
맞춰 똑바로 쓸 수 있도록
연습하는 코너입니다.

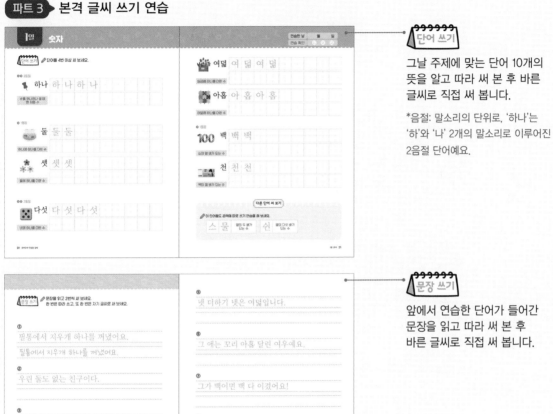

그날 주제에 맞는 단어 10개의
뜻을 알고 따라 써 본 후 바른
글씨로 직접 써 봅니다.

*음절: 말소리의 단위로, '하나'는
'하'와 '나' 2개의 말소리로 이루어진
2음절 단어예요.

앞에서 연습한 단어가 들어간
문장을 읽고 따라 써 본 후
바른 글씨로 직접 써 봅니다.

그날 주제와 앞에서 연습한
단어가 들어간 동시를 읽고
따라 써 본 후 바른 글씨로
직접 써 봅니다.

차례

글씨 쓰기 준비하기

1. 바른 자세

첫째. 자세를 알아봐요!

책상에 앉을 때 바른 자세를 유지합니다. 허리를 편하게 펴고 몸의 중심을 바르게 잡아요. 엉덩이를 의자 끝까지 앉습니다. 책상과 몸 사이에 주먹 하나가 들어가도록 합니다. 공책이 약간 오른쪽에 오도록 둡니다. (오른손잡이인 경우) 두 손을 책상 위에 자연스럽게 올립니다.

> **⚠ 주의**
> ① 의자 끝에 걸터앉지 않습니다.
> ② 책상 위에 엎드리지 않습니다.
> ③ 턱을 괴지 않습니다.
> ④ 고개를 심하게 숙이지 않습니다.

둘째. 필기구를 골라봐요!

글씨를 쓸 때 사용하는 필기구는 종류와 두께에 따라 크레파스, 색연필, 사인펜, 네임펜, 볼펜, 연필, 샤프 등이 있습니다. 글씨 쓰기가 어색할수록 두께가 두껍고 진한 것부터 연습하는 것을 추천합니다. 연필의 경우 진하기에 따라 4B, 2B, B, HB 등이 있어요. 보통 진하기는 조금 연하지만 단단한 HB로 쓰는 경우가 많아요.

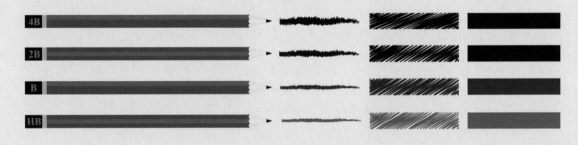

셋째. 연필 잡는 법을 알아봐요!

연필을 잡을 때는 다섯 손가락을 동그랗게 모읍니다. 엄지와 검지(둘째 손가락) 두 손가락으로 연필을 잡고, 중지(셋째 손가락)로 연필을 받칩니다. 약지(넷째 손가락)와 소지(다섯째 손가락)는 가볍게 모아 줍니다. 손의 힘을 적절히 조절해서 연필을 잡고 글씨를 씁니다.

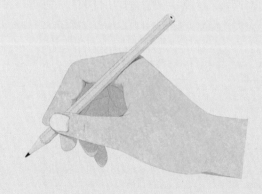

⚠주의
① 연필을 너무 멀거나 가까이 잡지 않습니다.
② 연필을 너무 세거나 약하게 잡지 않습니다.
③ 연필을 너무 눕히거나 세우지 않습니다.

2. 글씨 쓸 때 기억할 것

 첫째. 글자 획은 반듯하게 써요!

글자의 가로획, 세로획을 반듯하게 씁니다.

> 푸드코너에 갔다. 엄마, 아빠는 제육덮밥
> 를 먹었다. 엄마의 제육덮밥을 한입 먹
> 우리는 밥을 다 먹고 옆에 있는 다이소
> 우리가 홈플러스로 간 이유는 홈플러스 1
> 때문이다. 그래서 상품권을 엄마랑 나랑
> 했다. 나는 처음에 다이소를 가서 수정테이
> 그리고 엄마 옷을 보러 갔는데 마음에 드

*실제 초등학생 글씨

 둘째. 글자의 위치를 맞춰요!

글자를 공책 아래 줄에 맞추어 씁니다.

> 2. 교실꾸미기
> 12월은 크리스마스와 겨울방학이 껴있기 때
> 일찍 교실을 꾸미고 싶다 왠지 문구같은
> 크리스마스~" 라던지 " 눈송이 처럼 희고 흰
> 좋겠다. 그리고 교실 구석에 크리스마스 트리도

*실제 초등학생 글씨

셋째. 글자의 크기를 맞춰요!

글자의 크기를 일정하게 씁니다.

나는 우리가족 나, 엄마, 아빠 와 큰아빠와 큰엄마와
여행을 갔다. 정확히 말하자면 시골(광양)에 내려갔
부여로 갔다. 원래 광양만 가려고 했는데 작은아빠
있어서 큰아빠네랑 갈수 있게 되었다. 나는 우선 부여
갔다. 서울에서 광양 가는데 7시간 걸렸는데 광양에
3시간이 적게 느껴졌다. 우리보다 큰아빠네가 늦게
리조트 바로 앞에있는 롯데 아울렛에 갔다. 롯데
'National geographic' 이라는 매장에 들어갔다

*실제 초등학생 글씨

 ## 넷째. 글자의 간격을 맞춰요!

글자를 같은 간격으로 띄어 씁니다.

나의 꿈은 내 미래를
므로 난 진지하게 내 꿈에 대
그러나 초등학교 1학년 때부터
이 있다. 그건 바로 영어 선생
생각하는데 다 이유가 있다. 그
뒷받침해주는 3개의 장점 때문
첫 번째 나의 장점은 영어를

*실제 초등학생 글씨

1. 자음 쓰기

자음이란? 소리를 낼 때 혀와 입술이 입 안에 닿아 그곳을 막아서 나는 소리(총 19개)

모양	이름	획순	연습하기				
ㄱ	기역						
ㄴ	니은						
ㄷ	디귿						
ㄹ	리을						
ㅁ	미음						
ㅂ	비읍						
ㅅ	시옷						
ㅇ	이응						

ㅈ	지읒	ㅈ				
ㅊ	치읓	ㅊ				
ㅋ	키읔	ㅋ				
ㅌ	티읕	ㅌ				
ㅍ	피읖	ㅍ				
ㅎ	히읗	ㅎ				
ㄲ	쌍기역	ㄲ				
ㄸ	쌍디귿	ㄸ				
ㅃ	쌍비읍	ㅃ				
ㅆ	쌍시옷	ㅆ				
ㅉ	쌍지읒	ㅉ				

2. 모음 쓰기

모음이란? 목 안이나 입 안의 어느 부분이 방해를 받지 않고 나오는 소리(총 21개)

모양	소리	획순	연습하기				
ㅏ	아						
ㅐ	애						
ㅑ	야						
ㅒ	얘						
ㅓ	어						
ㅔ	에						
ㅕ	여						
ㅖ	예						
ㅗ	오						
ㅘ	와						

ㅙ	왜					
ㅚ	외					
ㅛ	요					
ㅜ	우					
ㅝ	워					
ㅞ	웨					
ㅟ	위					
ㅠ	유					
ㅡ	으					
ㅢ	의					
ㅣ	이					

파트 3 　　본격 글씨 쓰기 연습

이렇게 연습해요!

매일 다양한 주제에 관해 '단어 - 문장 - 글'을 단계별로 써 보는 연습을 할 거예요.

1. 단어 쓰기 연습

매일의 주제에 관련된 음절별 단어를 따라 쓰며 글씨의 기본 세우기

2. 문장 쓰기 연습

'단어 연습'에 나온 낱말이 들어간 문장을 따라 쓰며 글씨체 바로잡기

3. 짧은 글 쓰기 연습

앞에 나온 단어가 들어간 흥미로운 시를 따라 쓰며 나만의 바른 글씨체 만들기

30일 주제 엿보기 ◇

1일 숫자	**2일** 동물	**3일** 동물 소리	**4일** 여러 소리	**5일** 몸
6일 마음	**7일** 요일	**8일** 학용품	**9일** 학교	**10일** 화장실
11일 부엌	**12일** 음식	**13일** 옷	**14일** 열매	**15일** 색깔
16일 자연	**17일** 탈것	**18일** 기념일	**19일** 봄	**20일** 여름
21일 가을	**22일** 겨울	**23일** 별	**24일** 나라	**25일** 우주
26일 운동	**27일** 장소	**28일** 행동	**29일** 표정	**30일** 모양

 단어 쓰기 ✏️ 단어를 4번 이상 써 보세요.

●● 2음절

📌 **하나**

하	나	하	나						

수를 하나하나 셀 때
맨 처음 수

● 1음절

 둘

둘	둘								

하나에 하나를 더한 수

🌸 **셋**

셋	셋								

둘에 하나를 더한 수

●● 2음절

 다섯

다	섯	다	섯						

넷에 하나를 더한 수

여덟

여덟 여덟

일곱에 하나를 더한 수

아홉

아홉 아홉

여덟에 하나를 더한 수

● 1음절

100 백

백 백

십의 열 배가 되는 수

천

천 천

백의 열 배가 되는 수

다른 단어 써 보기

🖊 이 단어들도 공책에 따로 쓰기 연습을 해 보세요.

스물	열의 두 배가 되는 수	쉰	열의 다섯 배가 되는 수

🖊 문장을 읽고 2번씩 써 보세요.
한 번은 따라 쓰고, 또 한 번은 자기 글씨로 써 보세요.

①

필통에서 지우개 하나를 꺼냈어요.

필통에서 지우개 하나를 꺼냈어요.

②

우린 둘도 없는 친구이다.

③

셋이 먹다가 둘이 죽어도 모른다.

④

둘에 셋을 더하면 다섯이에요.

⑤

넷 더하기 넷은 여덟입니다.

⑥

그 애는 꼬리 아홉 달린 여우예요.

⑦

그가 백이면 백 다 이겼어요!

⑧

아이스크림이 천 원입니다.

다른 문장 써 보기

✏ 연습한 단어를 이용해 새 문장도 만들어 보세요.

사과 두 개 중 하나를 먹었다.

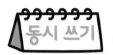

🖉 동시를 읽고, 따라 쓰기와 직접 쓰기를 해 보세요.

필통

떨그럭떨그럭 필통에서 소리가 나요
한번 살펴볼까요?

하아얀 지우개가 하나
반듯반듯 자가 두울
알록달록 색연필이 세엣
여러 가지 사인펜이 네엣
뾰족뾰족 연필이 다섯

모두 깔깔깔 웃으며 놀고 있네요

필통

떨그럭떨그럭 필통에서 소리가 나요
한번 살펴볼까요?

하아얀 지우개가 하나
반듯반듯 자가 두울
알록달록 색연필이 세엣
여러 가지 사인펜이 네엣
뾰족뾰족 연필이 다섯

모두 깔깔깔 웃으며 놀고 있네요

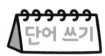 **2일 동물**

단어 쓰기 ✏️ 단어를 4번 이상 써 보세요.

●● 2음절

 거북　거 북 거 북

생쥐　생 쥐 생 쥐

●●● 3음절

고릴라　고 릴 라 고 릴 라

금붕어　금 붕 어 금 붕 어

 앵무새　앵 무 새 앵 무 새

코알라

코	알	라	코	알	라			

호랑이

호	랑	이	호	랑	이			

●●●● 4음절

까막까치

까	막	까	치	까	막	까	치

까마귀와 까치

다른 단어 써 보기

✏ 이 단어들도 공책에 따로 쓰기 연습을 해 보세요.

햄	스	터	기	니	피	그

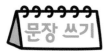

✏️ 문장을 읽고 2번씩 써 보세요.
한 번은 따라 쓰고, 또 한 번은 자기 글씨로 써 보세요.

①

거북이가 엉금엉금 기어가요.

②

생쥐가 치즈를 먹어요.

③

동물원에서 고릴라를 봤어요.

④

어항에 금붕어를 키워요.

⑤

앵무새가 내 말을 따라 해요.

⑥

코알라가 엄마 품 안에 있네요!

⑦

호랑이가 사냥을 시작해요.

⑧

까막까치가 울고 있나요?

다른 문장 써 보기

✏️ 연습한 단어를 이용해 새 문장도 만들어 보세요.

✏️ 동시를 읽고, 따라 쓰기와 직접 쓰기를 해 보세요.

개미

개미 한 마리가 꾸물꾸물
개미 두 마리가 버글버글
개미 세 마리가 꿈틀꿈틀
개미 네 마리가 꼬물꼬물
개미 다섯 마리가 오글오글

개미들이 줄을 지어
부지런히 가고 있어요

개미

개미 한 마리가 꾸물꾸물
개미 두 마리가 버글버글
개미 세 마리가 꿈틀꿈틀
개미 네 마리가 꼬물꼬물
개미 다섯 마리가 오글오글

개미들이 줄을 지어
부지런히 가고 있어요

3일 동물 소리

단어 쓰기 🖊 단어를 4번 이상 써 보세요.

● 1음절

깍

깍	깍						

까마귀나 까치가
우는 소리

맴

맴	맴						

매미가 울음을
그칠 때 내는 소리

●● 2음절

꾀꼴

꾀	꼴	꾀	꼴				

꾀꼬리가 우는 소리

부엉

부	엉	부	엉				

부엉이가 우는 소리

뻐꾹

뻐	꾹	뻐	꾹				

뻐꾸기가 우는 소리

 음매

음 | 매 | 음 | 매 | | | | |

소나 송아지의
울음소리

●●● 3음절

 꼬끼오

꼬 | 끼 | 오 | 꼬 | 끼 | 오 | | |

수탉의 우는 소리

●●●● 4음절

 개굴개굴

개 | 굴 | 개 | 굴 | 개 | 굴 | 개 | 굴

개구리가 연이어 우는 소리

다른 단어 써 보기

✏ 이 단어들도 공책에 따로 쓰기 연습을 해 보세요.

꿀 | 꿀 | 돼지가
내는 소리

어 | 흥 | 호랑이가
우는 소리

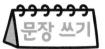

🖉 문장을 읽고 2번씩 써 보세요.
한 번은 따라쓰고, 또 한 번은 자기 글씨로 써 보세요.

① 까치가 깍 하고 소리를 내요.

② 맴 하고 매미가 노래를 멈춰요.

③ 꾀꼴 하는 소리는 누구일까요?

④ 부엉이가 부엉 하고 울어요.

⑤

뻐꾸기가 뻐꾹 하고 친구를 부르네요.

⑥

음매 송아지가 배고픈가 봐요!

⑦

꼬끼오 닭이 아침을 알리네요.

⑧

개구리가 개굴개굴 엄마를 찾아요.

다른 문장 써 보기

✏ 연습한 단어를 이용해 새 문장도 만들어 보세요.

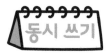

✏️ 다음 동요를 읽고, 따라 쓰기와 직접쓰기를 해 보세요.

꼬꼬 가족

우리 집 아빠 닭은
꼬끼오

우리 집 엄마 닭은
꼬꼬댁

나랑 동생은
삐악삐악

우리 집은 언제나 행복해

꼬꼬 가족

우리 집 아빠 닭은
꼬끼오

우리 집 엄마 닭은
꼬꼬댁

나랑 동생은
삐악삐악

우리 집은 언제나 행복해

 단어 쓰기 ✏️ 단어를 4번 이상 써 보세요.

●● **2음절**

찰싹

찰 싹 찰 싹

액체가 단단한 물체에
부딪치는 소리

쿵쿵

쿵 쿵 쿵 쿵

크고 무거운 물건이
어딘가 부딪치는 소리

●●● **3음절**

뽀드득

뽀 드 득 뽀 드 득

쌓인 눈을 밟을 때
나는 소리

와장창

와 장 창 와 장 창

갑자기 무너지거나
부서지는 소리

우당탕

우 당 탕 우 당 탕

무언가 바닥에 요란하게
떨어지는 소리

●●●● 4음절

아삭바삭

아	삭	바	삭	아	삭	바	삭

> 과일이나 채소를
> 베어 물 때 나는 소리

칙칙폭폭

칙	칙	폭	폭	칙	칙	폭	폭

> 증기 기관차가 연기를
> 뿜으면서 달리는 소리

퐁당퐁당

퐁	당	퐁	당	퐁	당	퐁	당

> 작은 물건이 연이어서
> 물에 떨어질 때 나는 소리

다른 단어 써 보기

✎ 이 단어들도 공책에 따로 쓰기 연습을 해 보세요.

쨍	그	랑	쇠나 유리가 떨어 지거나 부딪쳐 맑게 울리는 소리

딸	랑	딸	랑	작은 방울 등이 흔들릴 때 나는 소리

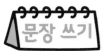

✏️ 문장을 읽고 2번씩 써 보세요.
한 번은 따라 쓰고, 또 한 번은 자기 글씨로 써 보세요.

① 파도가 찰싹 바위를 친다.

② 큰북을 울려라, 쿵쿵 쿵!

③ 눈에서 뽀드득 소리가 나요.

④ 유리창이 와장창 깨졌다.

⑤

자전거가 우당탕 쓰러졌어요!

⑥

아삭바삭 씹히는 사과 맛이 좋다.

⑦

칙칙폭폭 기차가 신나게 달려요.

⑧

퐁당퐁당 돌을 던져 볼까요?

다른 문장 써 보기

✎ 연습한 단어를 이용해 새 문장도 만들어 보세요.

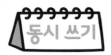 ✐ 동시를 읽고, 따라 쓰기와 직접 쓰기를 해 보세요.

기차 여행

기차가 출발합니다!
칙칙폭폭 땡

마을을 지나
터널을 지나
들판을 지나
산을 넘고
강을 건너

멀리멀리 떠나요

기차 여행

기차가 출발합니다!
칙칙폭폭 땡

마을을 지나
터널을 지나
들판을 지나
산을 넘고
강을 건너

멀리멀리 떠나요

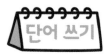

 ✏️ 단어를 4번 이상 써 보세요.

●● 2음절

 ← 무릎

넓적다리와 정강이
사이에 튀어나온 부분

무	릎	무	릎					

배꼽

탯줄이 떨어지면서
배에 생긴 자리

배	꼽	배	꼽					

●●● 3음절

 귓바퀴

겉귀의 드러난
가장자리 부분

귓	바	퀴	귓	바	퀴			

 발바닥

발 아래쪽의
땅을 밟는 부분

발	바	닥	발	바	닥			

보조개

말하거나 웃을 때에 두
볼에 움푹 들어가는 자국

보	조	개	보	조	개			

속눈썹

속	눈	썹	속	눈	썹			

눈꺼풀 끝에 난 털

엉덩이

엉	덩	이	엉	덩	이			

볼기의 윗부분

●●●● 4음절

머리카락

머	리	카	락	머	리	카	락

머리털의 낱개

다른 단어 써 보기

✏ 이 단어들도 공책에 따로 쓰기 연습을 해 보세요.

입	술	입 가장자리 위아래에 붙어 있는 살	복	숭	아	털	얼굴에 난 솜털

① 바닥에 무릎을 찧었다.

② 배꼽이 빠지게 웃었다.

③ 이야기가 귓바퀴에 맴도네!

④ 곰이 발바닥을 긁어요.

⑤

얼굴에 보조개가 있어요.

⑥

속눈썹이 길고 예뻐요.

⑦

선생님이 엉덩이에 주사를 놓았다.

⑧

머리카락이 빠지나요?

다른 문장 써 보기

🖉 연습한 단어를 이용해 새 문장도 만들어 보세요.

✏️ 동시를 읽고, 따라 쓰기와 직접 쓰기를 해 보세요.

엄마랑 나는

엄마랑 나는
길고 긴 탯줄로 연결되어 있어요
긴 탯줄은 배꼽이 되었지요

엄마랑 나는
깊고 깊은 마음으로 연결되어 있어요
깊은 마음은 사랑이 되었지요

엄마랑 나는

엄마랑 나는
길고 긴 탯줄로 연결되어 있어요
긴 탯줄은 배꼽이 되었지요

엄마랑 나는
깊고 깊은 마음으로 연결되어 있어요
깊은 마음은 사랑이 되었지요

단어 쓰기 🖉 단어를 4번 이상 써 보세요.

●● 2음절

기쁨

기 쁨 기 쁨

흐뭇하고 흡족한 마음

슬픔

슬 픔 슬 픔

슬픈 마음이나 느낌

위로

위 로 위 로

따뜻한 말이나 행동으로 슬픔을 달래 줌

행복

행 복 행 복

만족과 기쁨을 느끼어 흐뭇함

●●● 3음절

두려움

두 려 움 두 려 움

두려운 느낌

유쾌함

유	쾌	함	유	쾌	함			

즐겁고 상쾌함

●●●● 4음절

안타까움

안	타	까	움	안	타	까	움

뜻대로 안되어 답답한 마음

흥미로움

흥	미	로	움	흥	미	로	움

흥이나 즐거움을 느끼는 재미

다른 단어 써 보기

✏ 이 단어들도 공책에 따로 쓰기 연습을 해 보세요.

반	가	움	반가운 감정이나 마음

설	렘	마음이 가라앉지 아니하고 들떠서 두근거림

①
내 마음에 기쁨이 넘친다.

②
우리는 슬픔에 빠져 있지 않아요.

③
나는 친구에게 위로를 받아요.

④
이것이 행복이에요!

⑤

그가 두려움이 가득한 목소리로 말하네요.

⑥

기분이 유쾌해요.

⑦

안타까움에 전화를 했어요.

⑧

흥미로운 소식 있나요?

다른 문장 써 보기

✏ 연습한 단어를 이용해 새 문장도 만들어 보세요.

🖊 동시를 읽고, 따라 쓰기와 직접 쓰기를 해 보세요.

택배 왔습니다

안녕하세요
배달 왔습니다

오늘의 택배는
행복입니다

내일 또 배달 올게요

택배 왔습니다

안녕하세요
배달 왔습니다

오늘의 택배는
행복입니다

내일 또 배달 올게요

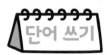

7일 **요일**

단어 쓰기 ✏️ 단어를 4번 이상 써 보세요.

🔵🔵 **2음절**

평일

토요일, 일요일,
공휴일이 아닌 보통 날

평	일	평	일				

주말

토요일부터
일요일까지

주	말	주	말				

🔵🔵🔵 **3음절**

월요일

한 주가 시작하는 날

월	요	일	월	요	일		

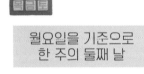
화요일

월요일을 기준으로
한 주의 둘째 날

화	요	일	화	요	일		

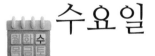
수요일

월요일을 기준으로
한 주의 셋째 날

수	요	일	수	요	일		

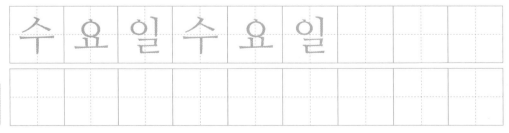

목요일

목	요	일	목	요	일			

월요일을 기준으로
한 주의 넷째 날

 금요일

금	요	일	금	요	일			

월요일을 기준으로
한 주의 다섯째 날

 토요일

토	요	일	토	요	일			

월요일을 기준으로
한 주의 여섯째 날

다른 단어 써 보기

✏️ 이 단어들도 공책에 따로 쓰기 연습을 해 보세요.

일	주	일	한 주일 또는 칠 일

일	요	일	월요일을 기준으로 한 주의 일곱째 날

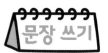

✏️ 문장을 읽고 2번씩 써 보세요.
한 번은 따라 쓰고, 또 한 번은 자기 글씨로 써 보세요.

①

평일 오후에는 보통 학원에 가요.

②

이번 주말이 기대된다.

③

월요일에 만나요!

④

우리는 매주 화요일에 축구를 해요!

⑤

매월 셋째 주 수요일은 쉬어요.

⑥

공휴일이 목요일인가요?

⑦

나는 금요일마다 도서관에 가요.

⑧

오늘은 토요일입니다.

다른 문장 써 보기

✎ 연습한 단어를 이용해 새 문장도 만들어 보세요.

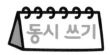

🖉 동시를 읽고, 따라 쓰기와 직접 쓰기를 해 보세요.

떡볶이

오늘은 빠알간 떡볶이
먹으러 가는 날

오늘은 까아만 순대
먹으러 가는 날

아이코
저런 저런

매주 일요일은 쉽니다

떡볶이

오늘은 빠알간 떡볶이
먹으러 가는 날

오늘은 까아만 순대
먹으러 가는 날

아이코
저런 저런

매주 일요일은 쉽니다

8일 학용품

 단어 쓰기   ✏️ 단어를 4번 이상 써 보세요.

● 1음절

풀

풀 | 풀

무엇을 붙이는 데 쓰는
끈적끈적한 물질

●● 2음절

공책

공 | 책 | 공 | 책

글씨를 쓰거나 그림을 그리
도록 백지로 매어 놓은 책

볼펜

볼 | 펜 | 볼 | 펜

펜 끝으로 잉크가
나오는 필기도구

연필

연 | 필 | 연 | 필

나무 막대 안에
심이 있는 필기도구

●●● 3음절

사인펜

사 | 인 | 펜 | 사 | 인 | 펜

주로 물에 녹기 쉬운
잉크를 넣은 필기도구

연습한 날	월	일
연습 확인	☺	☹

지우개

글씨나 그림을
지우는 물건

지	우	개	지	우	개			

책가방

책이나 학용품을 넣어서
메고 다니는 가방

책	가	방	책	가	방			

 ●●●● 4음절

필기도구

글씨 쓰는 데 쓰는 여러 물건

필	기	도	구	필	기	도	구	

╒═══════════════╕
 다른 단어 써 보기
╘═══════════════╛

✏ 이 단어들도 공책에 따로 쓰기 연습을 해 보세요.

샤	프	가는 심을 조금씩 밀어내어 쓰는 필기도구

연	습	장	연습하는 데에 쓰는 공책

 **문장 쓰기** 🖊 문장을 읽고 2번씩 써 보세요.
한 번은 따라 쓰고, 또 한 번은 자기 글씨로 써 보세요.

① 색종이를 풀로 붙였네요!

② 새 공책이 정말 좋아요.

③ 나는 두 가지 색이 나오는 볼펜이 있어요.

④ 연필로 글씨를 쓴다.

⑤

12가지 색 사인펜을 새로 샀다.

⑥

수업 후 지우개로 칠판을 지운다.

⑦

새 학기에 책가방을 새로 샀어요.

⑧

필기도구를 준비했나요?

다른 문장 써 보기

✏ 연습한 단어를 이용해 새 문장도 만들어 보세요.

✏️ 동시를 읽고, 따라 쓰기와 직접 쓰기를 해 보세요.

하늘 그림

하늘은 연습장이다

구름 책을 펼치고
비행기 연필과
무지개 사인펜을 들고
재미난 그림을 그릴 수 있다

바람 지우개로
마음껏 지울 수도 있다

하늘 그림

하늘은 연습장이다

구름 책을 펼치고
비행기 연필과
무지개 사인펜을 들고
재미난 그림을 그릴 수 있다

바람 지우개로
마음껏 지울 수도 있다

9일 학교

단어 쓰기 ✏️ 단어를 4번 이상 써 보세요.

●● 2음절

강당

강연이나 체육 활동을
할 때 쓰는 건물, 큰 방

강	당	강	당								

교실

학습 활동이
이루어지는 방

교	실	교	실								

복도

건물 안에 다니는 길

복	도	복	도								

●●● 3음절

교무실

교사가 여러 가지
일을 하는 곳

교	무	실	교	무	실						

구령대

구령하는 지휘자가
올라서기 위한 시설

구	령	대	구	령	대						

급식실

식사를 제공하는 방

급	식	실	급	식	실			

보건실

건강에 관한 일을
맡아보는 방

보	건	실	보	건	실			

운동장

운동, 놀이 등을 할 수
있는 넓은 마당

운	동	장	운	동	장			

다른 단어 써 보기

✏️ 이 단어들도 공책에 따로 쓰기 연습을 해 보세요.

매	점	물건을 파는 작은 상점	교	장	실	교장이 여러 가지 일을 하는 방

✎ 문장을 읽고 2번씩 써 보세요.
한 번은 따라 쓰고, 또 한 번은 자기 글씨로 써 보세요.

①

비가 오면 강당에서 체육 수업을 해요.

②

이제 교실로 돌아가자!

③

복도를 왔다 갔다 했다.

④

교무실로 오세요.

⑤

학생들이 운동장 구령대 앞으로 모였다.

⑥

종이 울리자 우리는 급식실로 뛰어갔다.

⑦

보건실은 1층에 있어요.

⑧

방과 후에 운동장에서 축구할까?

다른 문장 써 보기

✏️ 연습한 단어를 이용해 새 문장도 만들어 보세요.

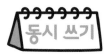

🖉 동시를 읽고, 따라 쓰기와 직접 쓰기를 해 보세요.

교실 속 연주자

나는 좁은 교실 속
우뚝 솟은 연주자

올망졸망 작고 소중한
눈망울을 지휘하는 연주자

나와 다른 목소리도
함께 있음을 가르치는 연주자

교실 속 연주자

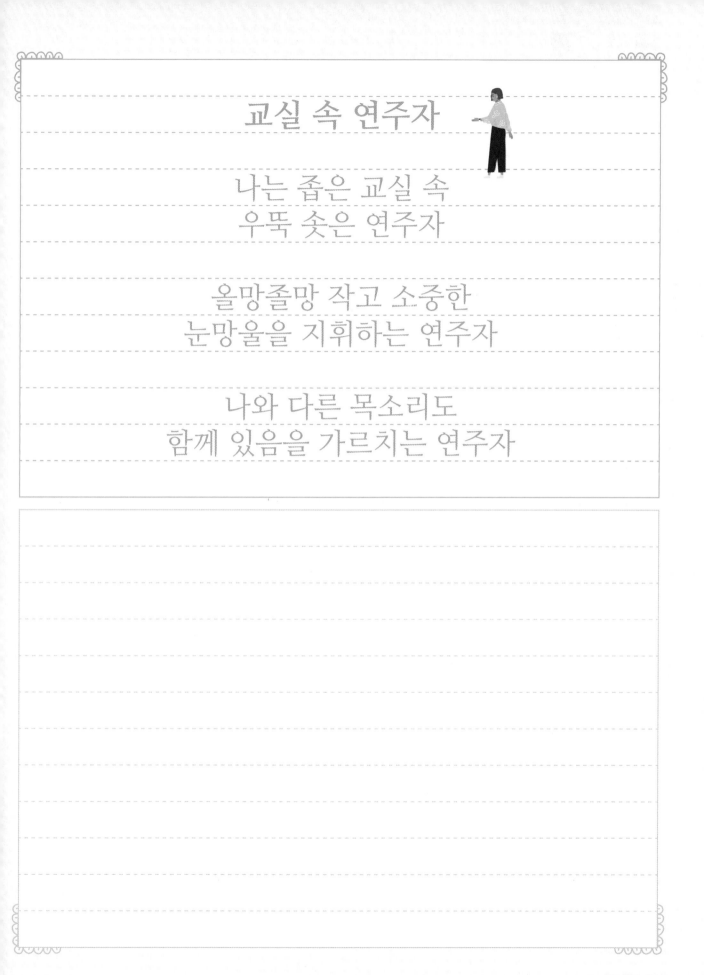

나는 좁은 교실 속
우뚝 솟은 연주자

올망졸망 작고 소중한
눈망울을 지휘하는 연주자

나와 다른 목소리도
함께 있음을 가르치는 연주자

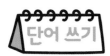

🗓 **단어 쓰기** ✏️ 단어를 4번 이상 써 보세요.

●● 2음절

 거울

物체의 모양을
비추어 보는 물건

| 거 | 울 | 거 | 울 | | | | |

 변기

똥, 오줌을 누도록
만든 도구

| 변 | 기 | 변 | 기 | | | | |

 변소

대소변을 보도록
만들어 놓은 곳

| 변 | 소 | 변 | 소 | | | | |

 수건

얼굴, 몸을 닦기 위해
만든 천 조각

| 수 | 건 | 수 | 건 | | | | |

욕조

목욕을 할 수 있도록
물을 담는 용기

| 욕 | 조 | 욕 | 조 | | | | |

칫솔

칫	솔	칫	솔					

이를 닦는 데 쓰는 솔

●●● 3음절

샤워기

물을 뿌리는 목욕용 기구

세면대

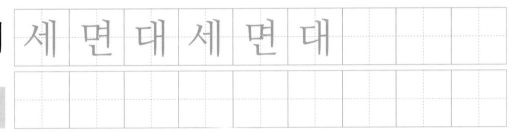

얼굴, 손을 씻을 수
있는 시설을 놓은 곳

다른 단어 써 보기

✏ 이 단어들도 공책에 따라 쓰기 연습을 해 보세요.

| 뒷 | 간 | '변소'를 완곡하게
이르는 말 |
|---|---|---|

| 해 | 우 | 소 | 절에서 '변소'를
부르는 말 |
|---|---|---|---|

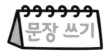
✎ 문장을 읽고 2번씩 써 보세요.
한 번은 따라 쓰고, 또 한 번은 자기 글씨로 써 보세요.

①

왕비가 거울을 본다.

②

청소 후 변기가 반짝거려요.

③

변소에서 냄새가 나요!

④

세수하고 수건으로 물기를 닦아요.

⑤

목욕하려고 욕조에 물을 받았다.

⑥

칫솔로 이를 닦았나요?

⑦

샤워기로 바닥에 물을 뿌린다.

⑧

세면대 위에 비누가 있어요.

다른 문장 써 보기

✏ 연습한 단어를 이용해 새 문장도 만들어 보세요.

✏️ 동시를 읽고, 따라 쓰기와 직접 쓰기를 해 보세요.

거울아 거울아

거울아 거울아
오늘 내 얼굴은 어때?

활짝 웃는 해바라기 꽃 같아
으쌰 으쌰 힘센 포클레인 같아
위풍당당 자신감 넘치는 사자 같아
알쏭달쏭 궁금한 보물 상자 같아

거울아 거울아

거울아 거울아
오늘 내 얼굴은 어때?

활짝 웃는 해바라기 꽃 같아
으쌰 으쌰 힘센 포클레인 같아
위풍당당 자신감 넘치는 사자 같아
알쏭달쏭 궁금한 보물 상자 같아

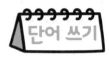

11일 부엌

단어 쓰기 ✏ 단어를 4번 이상 써 보세요.

●● 2음절

국자

국이나 액체를
뜨는 데 쓰는 기구

국	자	국	자				

그릇

음식을 담는 기구

그	릇	그	릇				

냄비

음식을 끓이거나
삶는 데 쓰는 도구

냄	비	냄	비				

수저

숟가락과 젓가락을
아울러 이르는 말

수	저	수	저				

식탁

음식을 차려 놓고
먹게 만든 탁자

식	탁	식	탁				

●●● 3음절

냉장고

식품 등을 저온에서
보관하기 위한 장치

냉	장	고	냉	장	고		

●●●● 4음절

프라이팬

음식을 기름에 지지는 데
쓰는 손잡이가 달린 냄비

프	라	이	팬	프	라	이	팬

●●●●● 5음절

전자레인지

전자기파를 이용해
식품을 가열하는 기구

전	자	레	인	지	전	자	레	인	지

다른 단어 써 보기

✎ 이 단어들도 공책에 따로 쓰기 연습을 해 보세요.

수	라	간	임금의 식사를 만들던 주방

키	친	타	월	주방 도구를 닦는 데에 쓰는 휴지

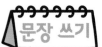
① 국을 한 국자씩 떠서 나눠 주었다.

② 음식을 해서 예쁜 그릇에 담아요.

③ 냄비에 물을 끓이고 있어요!

④ 밥을 한 수저 떴어요.

⑤

음식을 식탁에 차렸어요.

⑥

반찬을 냉장고에 넣어 두세요.

⑦

전을 부치려고 프라이팬에 식용유를 둘렀다.

⑧

삼각김밥을 전자레인지에 살짝 데운다.

다른 문장 써 보기

🖊 연습한 단어를 이용해 새 문장도 만들어 보세요.

✏️ 동시를 읽고, 따라 쓰기와 직접 쓰기를 해 보세요.

오늘의 메뉴

오늘의 메뉴는 사랑

냄비에 친절함을 끓이고
프라이팬에 따뜻함을 굽고
전자레인지로 부드러움을 데우고
그릇에 나눔을 담으면

오늘의 요리 완성

오늘의 메뉴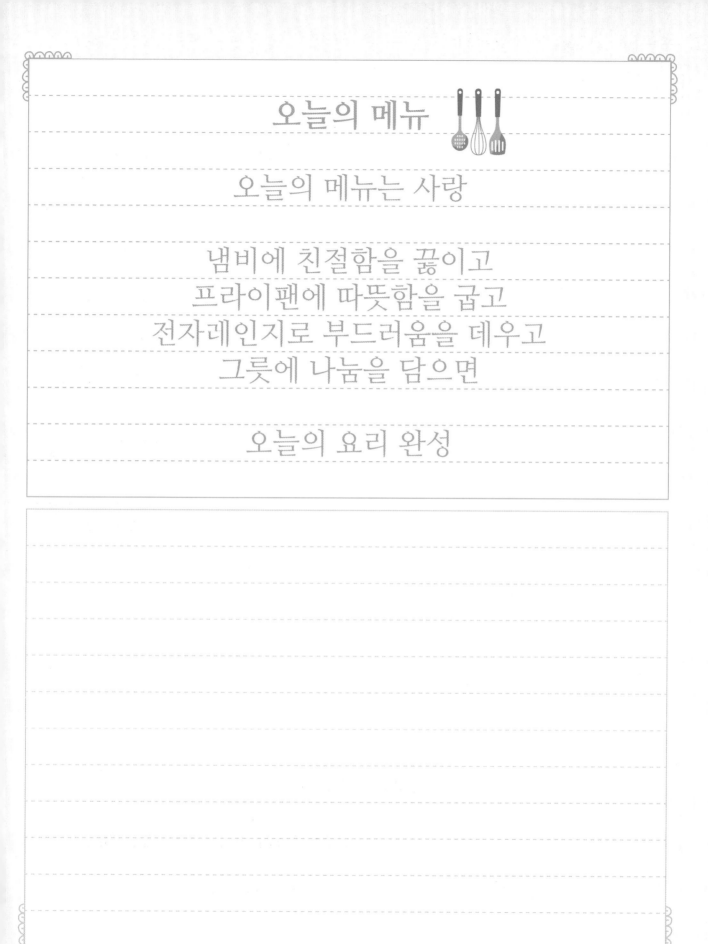

오늘의 메뉴는 사랑

냄비에 친절함을 끓이고
프라이팬에 따뜻함을 굽고
전자레인지로 부드러움을 데우고
그릇에 나눔을 담으면

오늘의 요리 완성

 **음식**

단어 쓰기 ✏ 단어를 4번 이상 써 보세요.

●● 2음절

 라면

| 라 | 면 | 라 | 면 | | | | | |

국수를 기름에 튀겨
말린 즉석식품

 우유

| 우 | 유 | 우 | 유 | | | | | |

소의 젖

 주스

| 주 | 스 | 주 | 스 | | | | | |

과일이나 야채를
짜낸 즙

●●● 3음절

 비빔밥

| 비 | 빔 | 밥 | 비 | 빔 | 밥 | | | |

고기, 나물, 양념을
넣어 비벼 먹는 밥

 어묵국

| 어 | 묵 | 국 | 어 | 묵 | 국 | | | |

생선 살을 으깨 만든
어묵을 넣고 끓인 국

짜장면

짜	장	면	짜	장	면			

고기, 채소를 넣어 볶은 중국
된장에 국수를 비빈 음식

●●●● 4음절

 달걀말이

달	걀	말	이	달	걀	말	이	

달걀을 부쳐서
돌돌 말아 놓은 음식

 된장찌개

된	장	찌	개	된	장	찌	개	

된장을 풀어 넣고 끓인 찌개

┌─ **다른 단어 써 보기** ─┐

✏ 이 단어들도 공책에 따로 쓰기 연습을 해 보세요.

곰	국	소의 뼈나 양지머리 따위의 국거리를 넣고 진하게 푹 고아서 끓인 국

소	시	지	고기를 으깨어 양념한 가공식품

 문장 쓰기

✏️ 문장을 읽고 2번씩 써 보세요.
한 번은 따라 쓰고, 또 한 번은 자기 글씨로 써 보세요.

① 간식으로 라면을 끓여요.

② 자기 전에 따뜻한 우유를 마셨나요?

③ 오렌지를 갈아서 주스를 만들었어요.

④ 전주비빔밥이 유명해요.

⑤

어묵국이 정말 맛있어요!

⑥

아빠는 짜장면 곱빼기를 먹었어요.

⑦

보들보들 달걀말이 많이 먹을 거예요.

⑧

보글보글 된장찌개가 끓어요.

다른 문장 써 보기

✏️ 연습한 단어를 이용해 새 문장도 만들어 보세요.

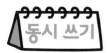 ✏️ 동시를 읽고, 따라 쓰기와 직접 쓰기를 해 보세요.

보글보글 라면

보글보글 라면을 끓여 볼까?

부글부글 물을 끓이고
꼬불꼬불 면을 넣고
파를 송송송
계란을 탁
치즈를 좌악

후루룩 쩝쩝
맛있는 라면

보글보글 라면

보글보글 라면을 끓여 볼까?

부글부글 물을 끓이고
꼬불꼬불 면을 넣고
파를 송송송
계란을 탁
치즈를 쫘악

후루룩 쩝쩝
맛있는 라면

 **단어 쓰기** 🖉 단어를 4번 이상 써 보세요.

●● **2음절**

모자

머리에 쓰는 것

모	자	모	자					

반팔

팔꿈치 위나 팔꿈치까지
내려오는 짧은 소매

반	팔	반	팔					

양말

맨발에 신도록
실로 짠 것

양	말	양	말					

치마

가랑이가 없는
하나로 이어진 아래옷

치	마	치	마					

●●● **3음절**

원피스

윗옷과 아래옷이
붙어서 한 벌로 된 옷

원	피	스	원	피	스			

티셔츠
'T' 자 모양으로
생긴 셔츠

티셔츠티셔츠

목도리
추위를 막기 위해
목에 두르는 것

목도리목도리

●●●● 4음절

멜빵바지
어깨에 멜빵을 걸치게 만든 바지

멜빵바지멜빵바지

다른 단어 써 보기

✏ 이 단어들도 공책에 따로 쓰기 연습을 해 보세요.

칠부바지 길이가 정강이 밑까지 내려오는 바지

긴소매 손목까지 내려오는 소매

✏️ 문장을 읽고 2번씩 써 보세요.
한 번은 따라 쓰고, 또 한 번은 자기 글씨로 써 보세요.

① 여름에는 챙이 넓은 모자를 써요.

② 더워져서 반팔을 입었습니다.

③ 양말에 구멍이 났어요.

④ 나는 치마가 더 잘 어울려요.

⑤

부모님이 생일 선물로 원피스를 사 주셨다.

⑥

너는 파란색 티셔츠가 잘 어울린다.

⑦

날씨가 추워서 목도리를 했다.

⑧

저는 멜빵바지를 좋아해요!

다른 문장 써 보기

✎ 연습한 단어를 이용해 새 문장도 만들어 보세요.

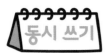

모자를 쓰면

모자를 쓰면
나는 키가 커진다

양말을 신으면
나는 몸이 따뜻해진다

멜빵바지를 입으면
나는 신이 난다

모자를 쓰면

모자를 쓰면
나는 키가 커진다

양말을 신으면
나는 몸이 따뜻해진다

멜빵바지를 입으면
나는 신이 난다

단어 쓰기 ✏️ 단어를 4번 이상 써 보세요.

● 1음절

감나무의 열매

감 | 감 | 감 | | | | | | | |

●● 2음절

사과나무의 열매

사과 | 사 | 과 | 사 | 과 | | | | | |

호두나무의 열매

호두 | 호 | 두 | 호 | 두 | | | | | |

●●● 3음절

열매를 얻기 위한
나무를 심은 밭

과수원 | 과 | 수 | 원 | 과 | 수 | 원 | | | |

떡갈나무 등의 열매를
통틀어 이르는 말

 도토리 | 도 | 토 | 리 | 도 | 토 | 리 | | | |

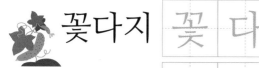

꽃다지

꽃 다 지 꽃 다 지

오이나 참외 등에
맨 처음 열린 열매

쭉정이

쭉 정 이 쭉 정 이

껍질만 있고
알맹이가 없는 열매

●●●●● 5음절

거지주머니　잘 익지 못한 채로 달린
열매의 껍데기

거 지 주 머 니 거 지 주 머 니

╭─────────────────────╮
│ **다른 단어 써 보기** │
╰─────────────────────╯

✏ 이 단어들도 공책에 따로 쓰기 연습을 해 보세요.

| 똘 | 기 | 채 익지 않은 과일 | 송 | 알 | 송 | 알 | 열매 따위가 잘게
많이 맺힌 모양 |

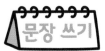

✏️ 문장을 읽고 2번씩 써 보세요.
한 번은 따라 쓰고, 또 한 번은 자기 글씨로 써 보세요.

① 감나무에 감이 많이 열렸어요.

② 빨간 사과를 도화지에 그렸어요.

③ 정월 대보름에 호두를 깨 먹어요.

④ 과수원에 사과와 배가 주렁주렁 열려요.

⑤

다람쥐는 도토리를 좋아한다.

⑥

사슴이 꽃다지를 뜯어 먹는다.

⑦

쭉정이가 절반이네.

⑧

이 밭에 거지주머니가 있나요?

다른 문장 써 보기

🖊 연습한 단어를 이용해 새 문장도 만들어 보세요.

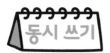

🖊 동시를 읽고, 따라 쓰기와 직접 쓰기를 해 보세요.

도토리 키 재기

너랑 나랑 키 재 보자
내가 큰지
네가 큰지
누가 더 커?

너나 나나
도긴개긴
똑같네
도토리 키 재기잖아

도토리 키 재기

너랑 나랑 키 재 보자
내가 큰지
네가 큰지
누가 더 커?

너나 나나
도긴개긴
똑같네
도토리 키 재기잖아

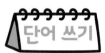

15일 색깔

단어 쓰기 🖉 단어를 4번 이상 써 보세요.

●● 2음절

쪽빛

짙은 푸른빛

쪽	빛	쪽	빛					

●●● 3음절

갈맷빛

짙은 초록빛

갈	맷	빛	갈	맷	빛			

누렇다

다소 탁하고 어둡게
놋쇠 빛깔이다

누	렇	다	누	렇	다			

푸르다

풀의 빛깔과 같이
밝고 선명하다

푸	르	다	푸	르	다			

●●●● 4음절

새빨갛다

매우 빨갛다

새	빨	갛	다	새	빨	갛	다

● **시퍼렇다**

매우 퍼렇다

시	퍼	렇	다	시	퍼	렇	다

○○○○○○ 6음절

노르스름하다 조금 달걀노른자 빛깔 같다

노	르	스	름	하	다	노	르	스	름	하	다

불그스름하다 조금 붉다

불	그	스	름	하	다	불	그	스	름	하	다

┌─ **다른 단어 써 보기** ─┐

✏ 이 단어들도 공책에 따로 쓰기 연습을 해 보세요.

발	그	레	하	다

엷게 발그스름 하다

잿	빛

재의 빛깔과 같이 흰빛을 띤 검은빛

① 쪽빛 하늘을 올려 보아요.

② 갈맷빛 한복 저고리가 곱다.

③ 누렇게 익은 벼가 고개를 숙이죠!

④ 산이 높고 푸르네요.

⑤

새빨갛게 익은 사과예요.

⑥

무릎에 시퍼렇게 피멍이 들었다.

⑦

망고가 노르스름하게 익었나요?

⑧

얼굴이 불그스름하게 변했다.

다른 문장 써 보기

✏ 연습한 단어를 이용해 새 문장도 만들어 보세요.

✏️ 동시를 읽고, 따라 쓰기와 직접 쓰기를 해 보세요.

하얀 도화지

도화지에 물감으로
무엇이든 그릴 수 있어
오늘은 무얼 그려 볼까?

불그스름 노을 지는 하늘과
누렇게 익은 벼
그리고
새빨간 옷을 입은 허수아비

가을 저녁이 따뜻하네

하얀 도화지

도화지에 물감으로
무엇이든 그릴 수 있어
오늘은 무얼 그려 볼까?

불그스름 노을 지는 하늘과
누렇게 익은 벼
그리고
새빨간 옷을 입은 허수아비

가을 저녁이 따뜻하네

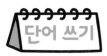

 단어 쓰기 🖊 단어를 4번 이상 써 보세요.

⬤ **1음절**

 숲

'수풀'의 준말

숲	숲								

⬤⬤ **2음절**

계곡

물이 흐르는 골짜기

계	곡	계	곡						

들판

들을 이룬 벌판

들	판	들	판						

 바다

지구에서 육지를
제외한 부분

바	다	바	다						

 폭포

절벽에서 쏟아져
내리는 물줄기

폭	포	폭	포						

●●● 3음절

간척지

간 척 지 간 척 지

바다, 호수를 막고
물을 빼내어 만든 땅

●●●● 4음절

노루막이

노 루 막 이 노 루 막 이

산의 막다른 꼭대기

하늬바람

하 늬 바 람 하 늬 바 람

서쪽에서 부는 바람

다른 단어 써 보기

✏ 이 단어들도 공책에 따로 쓰기 연습을 해 보세요.

장 마	여름철에 계속해서 비가 내리는 날씨	오 름	'산'의 제주 방언

✏️ 문장을 읽고 2번씩 써 보세요.
한 번은 따라 쓰고, 또 한 번은 자기 글씨로 써 보세요.

①

아름다운 새소리가 숲에 가득이에요!

②

주말에 시원한 계곡에 가요.

③

들판에 멋진 허수아비가 있다.

④

바다를 보니 마음이 평온하네요.

⑤

폭포가 큰 소리를 내며 쏟아지고 있다.

⑥

시원한 하늬바람이 분다.

⑦

새만금에 넓은 간척지가 있나요?

⑧

이곳이 노루막이입니다.

다른 문장 써 보기

✏️ 연습한 단어를 이용해 새 문장도 만들어 보세요.

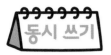
🖋 동시를 읽고, 따라 쓰기와 직접 쓰기를 해 보세요.

가을 숲

가을 하늘 아래
알록달록 숲

빨갛게 빨갛게
노랗게 노랗게
파랗게 파랗게
물들었네

가만히 눈을 감고
숲의 이야기를 들어 보자

가을 숲

가을 하늘 아래
알록달록 숲

빨갛게 빨갛게
노랗게 노랗게
파랗게 파랗게
물들었네

가만히 눈을 감고
숲의 이야기를 들어 보자

단어 쓰기   ✏ 단어를 4번 이상 써 보세요.

●● 2음절

택시

돈을 받고 손님이 원하는
곳까지 태워다 주는 차

택	시	택	시						

트럭

화물을 실어
나르는 자동차

트	럭	트	럭						

●●● 3음절

경찰차

경찰이 업무에
이용하는 차

경	찰	차	경	찰	차				

자동차

바퀴를 굴려서 땅 위를
움직이도록 만든 차

자	동	차	자	동	차				

비행기

하늘을 떠서
날아다니는 운송 수단

비	행	기	비	행	기				

소방차

소	방	차	소	방	차			

소방 장비를 갖추고
있는 특수차

킥보드

킥	보	드	킥	보	드			

긴 손잡이가 있고
작은 바퀴가 달린 기구

●●●● 4음절

오토바이

오	토	바	이	오	토	바	이

앞뒤로 있는 두 바퀴가
동력으로 돌아가게 만든 탈것

다른 단어 써 보기

✏ 이 단어들도 공책에 따로 쓰기 연습을 해 보세요.

배		물 위로 떠다니도록 만든 물건

버	스	많은 사람이 함께 타는 대형 자동차

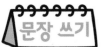

✏️ 문장을 읽고 2번씩 써 보세요.
한 번은 따라 쓰고, 또 한 번은 자기 글씨로 써 보세요.

① 택시 요금이 올랐다.

② 트럭에 짐을 가득 싣고 가요!

③ 경찰차가 출동해 있어요.

④ 우리는 자동차를 타고 여행을 가요.

⑤

비행기가 하늘을 높이 난다.

⑥

소방차가 우리 앞을 빠르게 지나간다.

⑦

킥보드를 타고 놀아 볼까?

⑧

오토바이를 탈 때는 헬멧을 쓴다.

다른 문장 써 보기

✏️ 연습한 단어를 이용해 새 문장도 만들어 보세요.

🖊 동시를 읽고, 따라 쓰기와 직접 쓰기를 해 보세요.

소방차

삐뽀삐뽀
큰일 났어요

삐뽀삐뽀
빠알간 불이 화알화알
검은 연기가 스멀스멀

삐뽀삐뽀
불이 났어요
소방차가 출동합니다

소방차 🚒

삐뽀삐뽀
큰일 났어요

삐뽀삐뽀
빠알간 불이 화알화알
검은 연기가 스멀스멀

삐뽀삐뽀
불이 났어요
소방차가 출동합니다

 단어 쓰기 ✏️ 단어를 4번 이상 써 보세요.

●● 2음절

생일
세상에 태어난 날

생	일	생	일				

●●● 3음절

광복절
광복을 기념하기
위한 국경일

광	복	절	광	복	절	

성탄절
예수님이 태어난
날을 기념하는 날

성	탄	절	성	탄	절	

식목일
나무를 가꾸도록
권장하기 위해 정한 날

식	목	일	식	목	일	

●●●● 4음절

어린이날
어린이의 지위 향상을
위하여 정한 날

어	린	이	날	어	린	이	날

어버이날

어	버	이	날	어	버	이	날

어버이의 사랑을 기념하여 만든 날

●●●●● 5음절

개교기념일   학교를 처음 연 날을 기념하는 날

개	교	기	념	일	개	교	기	념	일

결혼기념일   결혼한 날을 기념하는 날

결	혼	기	념	일	결	혼	기	념	일

다른 단어 써 보기

✎ 이 단어들도 공책에 따로 쓰기 연습을 해 보세요.

스	승	의	날	환	경	의	날

스승의 은혜를 기념하기 위하여 정한 날   환경 보전을 생활화하기 위해 정한 날

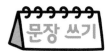 문장 쓰기

✏️ 문장을 읽고 2번씩 써 보세요.
한 번은 따라 쓰고, 또 한 번은 자기 글씨로 써 보세요.

① 오늘이 내 생일이다.

② 광복절은 8월 15일이에요!

③ 성탄절이 빨리 왔으면 좋겠어요!

④ 식목일에 나무 한 그루를 심어요.

⑤

기다리고 기다리던 어린이날이다.

⑥

어버이날에 부모님께 카네이션을 달아 드린다.

⑦

개교기념일은 학교 생일이다.

⑧

오늘이 우리 부모님의 결혼기념일이다.

다른 문장 써 보기

✏ 연습한 단어를 이용해 새 문장도 만들어 보세요.

✏️ 동시를 읽고, 따라 쓰기와 직접 쓰기를 해 보세요.

내 생일

오늘은 내 생일
두 손 가득 선물이 가득이지

동글동글 포장지에 무엇이 있을까?
동글동글 곰인형이지

네모네모 상자에 무엇이 있을까?
네모네모 스케치북이지

뾰족뾰족한 건 무얼까?
뾰족뾰족 연필이지

내 생일

오늘은 내 생일
두 손 가득 선물이 가득이지

동글동글 포장지에 무엇이 있을까?
동글동글 곰인형이지

네모네모 상자에 무엇이 있을까?
네모네모 스케치북이지

뾰족뾰족한 건 무얼까?
뾰족뾰족 연필이지

 **단어 쓰기** 🖊️ 단어를 4번 이상 써 보세요.

◉◉ **2음절**

 꽃비 | 꽃 | 비 | 꽃 | 비 | | | | |

비가 꽃잎처럼
가볍게 내리는 것

벚꽃 | 벚 | 꽃 | 벚 | 꽃 | | | | |

벚나무의 꽃

 봄동 | 봄 | 동 | 봄 | 동 | | | | |

겨울을 보내 속이
들지 못한 배추

 새싹 | 새 | 싹 | 새 | 싹 | | | | |

새로 돋아나는 싹

 입춘 | 입 | 춘 | 입 | 춘 | | | | |

봄이 시작하는 시기

○○○○ 4음절

꽃샘바람

| 꽃 | 샘 | 바 | 람 | 꽃 | 샘 | 바 | 람 |
| | | | | | | | |

꽃이 필 무렵에 부는 쌀쌀한 바람

아지랑이

| 아 | 지 | 랑 | 이 | 아 | 지 | 랑 | 이 |
| | | | | | | | |

공기가 공중에서 아른아른
움직이는 현상

○○○○○ 5음절

소소리바람

이른 봄에 부는
차고 매서운 바람

| 소 | 소 | 리 | 바 | 람 | 소 | 소 | 리 | 바 | 람 |
| | | | | | | | | | |

다른 단어 써 보기

✏ 이 단어들도 공책에 따로 쓰기 연습을 해 보세요.

| 잎 | 샘 |
봄에 잎이 나올 무렵에
갑자기 추운 날씨

| 꽃 | 보 | 라 |
떨어져서 바람에
날리는 많은 꽃잎

✏ 문장을 읽고 2번씩 써 보세요.
한 번은 따라 쓰고, 또 한 번은 자기 글씨로 써 보세요.

① 하늘에서 꽃비가 날린다.

② 벚꽃이 활짝 피었습니다.

③ 봄동 맛이 꿀맛이에요!

④ 파릇파릇 새싹이 돋아나네요.

⑤

내일은 봄이 시작되는 입춘이다.

⑥

꽃샘바람이 불어 날이 쌀쌀하다.

⑦

아지랑이가 아물아물 피어올라요.

⑧

소소리바람에 옷깃을 여며요.

다른 문장 써 보기

✎ 연습한 단어를 이용해 새 문장도 만들어 보세요.

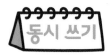

✏️ 동시를 읽고, 따라 쓰기와 직접 쓰기를 해 보세요.

우리들은 일 학년

우리들은 일 학년
따뜻한 봄날 파릇파릇 새싹

우리들은 일 학년
살랑살랑 기분 좋게 부는 바람

우리들은 일 학년
하늘에서 내리는 꽃비

우리들은 일 학년

우리들은 일 학년
따뜻한 봄날 파릇파릇 새싹

우리들은 일 학년
살랑살랑 기분 좋게 부는 바람

우리들은 일 학년
하늘에서 내리는 꽃비

 단어 쓰기 🖊 단어를 4번 이상 써 보세요.

●● **2음절**

 부채

부	채	부	채						

손으로 흔들어서 바람을 일으키는 물건

수박

수	박	수	박						

박과의 한해살이 덩굴풀

장마

장	마	장	마						

여름철에 여러 날 계속 해서 비가 내리는 날씨

장화

장	화	장	화						

목이 길게 올라오는 신

●●● **3음절**

 무더위

무	더	위	무	더	위				

여름철의 견디기 어려운 더위

수영장

수영할 수 있는
시설을 갖춘 곳

수 영 장 수 영 장

●●●● 4음절

서늘맞이

서 늘 맞 이 서 늘 맞 이

여름의 무더위를 피하여
시원한 바람을 쐼

●●●●● 5음절

아이스크림   우유, 달걀 등을 넣어 크림 상태로 얼린 것

아 이 스 크 림 아 이 스 크 림

┌─ 다른 단어 써 보기 ─┐

✎ 이 단어들도 공책에 따로 쓰기 연습을 해 보세요.

슈 룹	'우산'의 옛말	잠 비	여름에 일을 쉬고 낮잠을 잘 수 있게 하는 비

🖊 문장을 읽고 2번씩 써 보세요.
한 번은 따라 쓰고, 또 한 번은 자기 글씨로 써 보세요.

①

부채로 시원한 바람을 일으키다.

②

수박을 반으로 쪼개 보자.

③

내일부터 장마가 시작될 것입니다.

④

비가 와서 장화를 신고 나가요.

⑤

무더위를 이겨 봅시다!

⑥

수영장으로 첨벙 뛰어들었다.

⑦

서늘맞이로 책을 읽어요.

⑧

아이들이 아이스크림 가게 앞으로 몰려들었다.

다른 문장 써 보기

✏ 연습한 단어를 이용해 새 문장도 만들어 보세요.

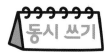
수박

커어다랗고 동그란 초록색 풍선에
크레파스로 검은색 줄을 쭈욱쭈우욱

쩌억 절반으로 쪼개니
빠알간 수박이 터어억터어억

얘들아 어서 와
우리 같이 달콤한 수박 먹자

수박

커어다랗고 동그란 초록색 풍선에
크레파스로 검은색 줄을 쭈욱쭈우욱

쩌억 절반으로 쪼개니
빠알간 수박이 터어억터어억

애들아 어서 와
우리 같이 달콤한 수박 먹자

단어 쓰기 ✏️ 단어를 4번 이상 써 보세요.

◉◉ 2음절

 **낙엽**

낙 엽 낙 엽

말라서 떨어진 나뭇잎

아람

아 람 아 람

밤 등이 익어서 저절로
떨어질 정도가 된 열매

은행

은 행 은 행

은행나무의 열매

 추석

추 석 추 석

음력 팔월 보름날인
우리나라 명절

◉◉◉ 3음절

 단풍잎

단 풍 잎 단 풍 잎

가을에 붉거나
누렇게 변한 나뭇잎

●●●● 4음절

가을걷이

가을걷이가을걷이

가을에 익은 곡식을 거두어들임

천고마비

천고마비천고마비

하늘이 높고 말이 살찐다는 뜻으로, 주로 가을을 설명할 때 사용

허수아비

허수아비허수아비

논밭에 세운 사람 모양의 물건

다른 단어 써 보기

✏ 이 단어들도 공책에 따로 쓰기 연습을 해 보세요.

추	수	가을에 익은 곡식을 거두어들임

갈	바	람	'가을바람'의 준말

✏️ 문장을 읽고 2번씩 써 보세요.
한 번은 따라 쓰고, 또 한 번은 자기 글씨로 써 보세요.

① 낙엽이 우수수 떨어지고 있어요!

② 상수리나무에 아람이 들었다.

③ 은행나무에 노란 은행이 많이 있어요.

④ 추석에 할머니 댁에 다녀왔나요?

⑤

단풍잎이 참 예쁘게 물들었다.

⑥

가을걷이가 한창이에요.

⑦

가을은 천고마비의 계절이다.

⑧

허수아비가 들판에서 춤을 추네요.

다른 문장 써 보기

🖊 연습한 단어를 이용해 새 문장도 만들어 보세요.

허수아비

노오란 들판에 우뚝 솟은 허수아비
새들은 허수아비 어깨 위에서 짹짹짹짹
벼들은 허수아비 다리 아래에서 흔들흔들

룰루랄라
새들아 어서 오렴
우리 같이 노래 부르자 짹짹짹짹

덩실덩실
벼들아 잘 있었구나
우리 같이 춤추자 흔들흔들

허수아비

노오란 들판에 우뚝 솟은 허수아비
새들은 허수아비 어깨 위에서 짹짹짹짹
벼들은 허수아비 다리 아래에서 흔들흔들

룰루랄라
새들아 어서 오렴
우리 같이 노래 부르자 짹짹짹짹

덩실덩실
벼들아 잘 있었구나
우리 같이 춤추자 흔들흔들

단어 쓰기 ✏️ 단어를 4번 이상 써 보세요.

●● 2음절

 눈꽃

눈	꽃	눈	꽃					

나뭇가지 위에 꽃이
핀 것처럼 얹힌 눈

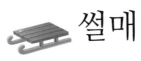 썰매

썰	매	썰	매					

눈 위에서 미끄럼을
타고 노는 기구

 장갑

장	갑	장	갑					

손을 보호하기 위해
손에 끼는 물건

●●● 3음절

 눈사람

눈	사	람	눈	사	람			

눈을 뭉쳐서 사람
모양으로 만든 것

 눈싸움

눈	싸	움	눈	싸	움			

뭉친 눈을 서로 던져
맞히는 놀이

털모자

털실로 짠 모자

털	모	자	털	모	자			

붕어빵

붕어 모양의 풀빵

붕	어	빵	붕	어	빵			

●●●● 4음절

군고구마

불에 구워 익힌 고구마

군	고	구	마	군	고	구	마

다른 단어 써 보기

🖊 이 단어들도 공책에 따로 쓰기 연습을 해 보세요.

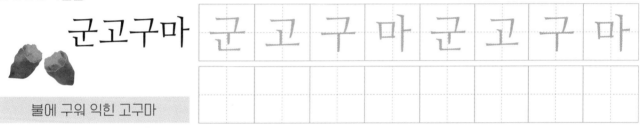

숫	눈	눈이 와서 쌓인 상태 그대로의 깨끗한 눈	눈	설	레	눈이 내리면서 차가운 바람이 몰아침

✏️ 문장을 읽고 2번씩 써 보세요.
한 번은 따라 쓰고, 또 한 번은 자기 글씨로 써 보세요.

① 눈꽃이 탐스럽게 피었다.

② 꼬마들이 썰매를 타고 놀고 있어요!

③ 선물로 받은 노란색 장갑을 잃어버렸다.

④ 동생과 함께 눈사람을 만들었다.

⑤

마당에서 누나와 눈싸움을 했다.

⑥

엄마가 따뜻한 털모자를 짜 주셨다.

⑦

붕어빵을 호호 불며 먹었어요.

⑧

겨울철 간식은 군고구마가 최고야.

다른 문장 써 보기

🖉 연습한 단어를 이용해 새 문장도 만들어 보세요.

🖉 동시를 읽고, 따라 쓰기와 직접 쓰기를 해 보세요.

눈사람

형아랑 같이 만든 눈사람

동글동글 작은 눈덩이를
데굴데굴 굴렸더니
커다란 눈덩이가 되었네

우리 하나 더 만들자
동글동글 데굴데굴 영차

하하 호호 커다란 눈사람이 되었네

눈사람

형아랑 같이 만든 눈사람

동글동글 작은 눈덩이를
데굴데굴 굴렸더니
커다란 눈덩이가 되었네

우리 하나 더 만들자
동글동글 데굴데굴 영차

하하 호호 커다란 눈사람이 되었네

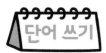

23일 **별**

 단어 쓰기 ✏️ 단어를 4번 이상 써 보세요.

●● 2음절

 샛별

샛 별 샛 별

'금성'을 일상적으로
이르는 말

●●● 3음절

별똥별

별 똥 별 별 똥 별

'유성'을 일상적으로
이르는 말

 북극성

북 극 성 북 극 성

작은곰자리에서
가장 밝은 별

 여우별

여 우 별 여 우 별

궂은 날에 잠깐
나왔다가 숨는 별

 천문대

천 문 대 천 문 대

천문 현상을
연구하기 위한 시설

●●●● 4음절

물병자리

염소자리와 물고기자리
사이에 있는 별자리

물	병	자	리	물	병	자	리

북두칠성

국자 모양을 한 일곱 개의 별

북	두	칠	성	북	두	칠	성

●●●●● 5음절

쌍둥이자리

황소자리와 게자리
사이에 있는 별자리

쌍	둥	이	자	리	쌍	둥	이	자	리

다른 단어 써 보기

 이 단어들도 공책에 따로 쓰기 연습을 해 보세요.

오	리	온	자	리

쌍둥이자리와 에리다누스강자리
사이에 있는 별자리

별	바	다

갠 날 밤하늘에 수많은
별들이 총총하게 떠 있는
모양을 바다에 비유한 말

✏️ 문장을 읽고 2번씩 써 보세요.
한 번은 따라 쓰고, 또 한 번은 자기 글씨로 써 보세요.

①

반짝거리는 샛별을 바라보았다.

②

별똥별 하나를 보았어요!

③

크고 빛나는 별은 북극성이에요.

④

여우별이 잠깐 나왔다 숨었습니다.

⑤

우리는 별을 자세히 보려고 천문대로 향했다.

⑥

물병자리는 물을 따르는 모양이다.

⑦

북두칠성은 별이 일곱 개예요.

⑧

저는 쌍둥이자리예요.

다른 문장 써 보기

✏️ 연습한 단어를 이용해 새 문장도 만들어 보세요.

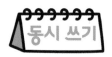

🖉 동시를 읽고, 따라 쓰기와 직접 쓰기를 해 보세요.

달님과 별님

캄캄한 밤이 찾아왔어요
깜깜한 하늘에 달님이 혼자 있네요

달님 달님 누가 부르는 걸까요?

북극성 별님이 반짝반짝
쌍둥이자리 별님이 반짝반짝
여기도 저기도 반짝반짝
별님들이 달님이랑 놀러 왔네요

아, 달님 혼자가 아니었군요!

달님과 별님

캄캄한 밤이 찾아왔어요
깜깜한 하늘에 달님이 혼자 있네요

달님 달님 누가 부르는 걸까요?

북극성 별님이 반짝반짝
쌍둥이자리 별님이 반짝반짝
여기도 저기도 반짝반짝
별님들이 달님이랑 놀러 왔네요

아, 달님 혼자가 아니었군요!

24일 나라

단어 쓰기 ✏️ 단어를 4번 이상 써 보세요.

●● 2음절

국민

국가를 구성하는 사람

국	민	국	민					

한국

아시아 대륙 동쪽에 있는 나라

한	국	한	국					

수도

한 나라의 중앙 정부가 있는 도시

수	도	수	도					

영토

국가의 통치권이 미치는 구역

영	토	영	토					

주권

국가의 의사를 최종적으로 결정하는 권력

주	권	주	권					

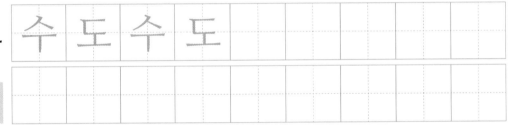

미국 | 미국미국 | | | | | |

캐나다와 멕시코 사이
북아메리카에 있는 나라

호주 | 호주호주 | | | | | |

오스트레일리아 대륙의
대부분을 차지하는 나라

●●● 3음절

 프랑스 | 프랑스프랑스 | | | | |

유럽 서쪽에 있는 나라

다른 단어 써 보기

🖊 이 단어들도 공책에 따로 쓰기 연습을 해 보세요.

| 국 | 기 | 나라를 상징하도록
정한 기 | | 싱 | 가 | 포 | 르 | 말레이반도의 남쪽
끝에 있는 나라 |

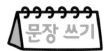

✏️ 문장을 읽고 2번씩 써 보세요.
한 번은 따라 쓰고, 또 한 번은 자기 글씨로 써 보세요.

①

축구에 온 국민의 관심이 쏠렸어요!

②

저는 한국에서 태어난 게 자랑스러워요.

③

한국의 수도는 서울입니다.

④

우리나라의 영토는 한반도와 그 부속 도서이다.

*부속 도서: 그 나라 주변에 딸린 섬

⑤

대한민국의 주권은 국민에게 있습니다.

⑥

내일 비행기를 타고 미국으로 떠날 거예요.

⑦

호주는 캥거루가 유명해요.

⑧

방학 때 프랑스로 여행을 갔어요.

다른 문장 써 보기

연습한 단어를 이용해 새 문장도 만들어 보세요.

✏️ 동시를 읽고, 따라 쓰기와 직접 쓰기를 해 보세요.

세계 여행

비행기 타고 쓔웅 쓔웅
월요일은 한국에서 삼겹살
화요일은 미국에서 햄버거
수요일은 프랑스에서 바게트
목요일은 태국에서 똠양꿍
금요일은 영국에서 피시앤칩스
토요일은 일본에서 라멘
일요일은 스위스에서 초콜릿
월화수목금토일 맛있는 음식 먹으러
비행기 타고 쓔웅 쓔웅

세계 여행

비행기 타고 쓔웅 쓔웅
월요일은 한국에서 삼겹살
화요일은 미국에서 햄버거
수요일은 프랑스에서 바게트
목요일은 태국에서 똠양꿍
금요일은 영국에서 피시앤칩스
토요일은 일본에서 라멘
일요일은 스위스에서 초콜릿
월화수목금토일 맛있는 음식 먹으러
비행기 타고 쓔웅 쓔웅

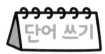

단어 쓰기 ✏️ 단어를 4번 이상 써 보세요.

●● 2음절

 금성

금	성	금	성				

태양에서 둘째로
가까운 행성

 지구

지	구	지	구				

태양에서 셋째로
가까운 행성

 태양

태	양	태	양				

태양계의 중심

●●● 3음절

 달가림

달	가	림	달	가	림		

달의 일부 또는 전부가
보이지 않게 되는 현상

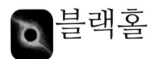 블랙홀

블	랙	홀	블	랙	홀		

중력이 너무 커 빛도 나
오지 못하게 하는 영역

은하계

은 하 계 은 하 계

은하를 이루고 있는
수많은 천체의 집단

천왕성

천 왕 성 천 왕 성

태양에서 일곱째로
가까운 행성

⦿⦿⦿⦿⦿ 5음절

개밥바라기

저녁에 서쪽 하늘에
보이는 '금성'을 이르는 말

개 밥 바 라 기 개 밥 바 라 기

다른 단어 써 보기

✏ 이 단어들도 공책에 따로 쓰기 연습을 해 보세요.

망 원 경	멀리 있는 물체를 크고 정확하게 보도록 만든 장치	미 리 내	'은하수'의 방언

✏️ 문장을 읽고 2번씩 써 보세요.
한 번은 따라 쓰고, 또 한 번은 자기 글씨로 써 보세요.

① 금성은 샛별로도 불린다.

② 우리는 지구를 아끼고 보존해야 한다.

③ 밝은 태양이 떠오르고 있어요!

④ 오늘 달가림이 일어난다는 소식을 들었어요.

⑤

블랙홀을 빠져나갈 수 있을까요?

⑥

은하계에서 지구는 먼지에 불과하다.

⑦

천왕성이 누워서 뱅글뱅글 돌아요.

⑧

금성은 개밥바라기로도 불린다.

다른 문장 써 보기

✏️ 연습한 단어를 이용해 새 문장도 만들어 보세요.

우주

알쏭달쏭 우주는 어떤 곳일까?
커다란 망원경으로 살펴볼까?

크고 밝은 태양이 보이네
반짝반짝 별이 보이네
뱅글뱅글 달이 보이네

어? 저건 뭐야?

내가 좋아하는 샛별이네

우주

알쏭달쏭 우주는 어떤 곳일까?
커다란 망원경으로 살펴볼까?

크고 밝은 태양이 보이네
반짝반짝 별이 보이네
뱅글뱅글 달이 보이네

어? 저건 뭐야?

내가 좋아하는 샛별이네

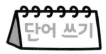

단어 쓰기 ✎ 단어를 4번 이상 써 보세요.

●● 2음절

수영

물속을 헤엄치는 일

수	영	수	영						

야구

공을 사용해 9회에 걸쳐
승패를 겨루는 경기

야	구	야	구						

축구

주로 발로 공을 차서 공을
넣어 승부를 겨루는 경기

축	구	축	구						

피구

두 팀이 한 개의 공으로
상대편을 맞히는 공놀이

피	구	피	구						

●●● 3음절

주짓수

브라질 무술로 상대의 관
절을 꺾거나 조르는 기술

주	짓	수	주	짓	수				

태권도

태	권	도	태	권	도			

우리나라 전통 무예를
바탕으로 한 운동

●●●● 4음절

클라이밍

클	라	이	밍	클	라	이	밍

경사진 곳을 똑바로 오르는 일

필라테스

필	라	테	스	필	라	테	스

요가를 변형하여 만든 운동

다른 단어 써 보기

✏️ 이 단어들도 공책에 따로 쓰기 연습을 해 보세요.

배	구	코트 중앙에 네트를 두고 상대편에 공을 넘기는 경기

볼	링	열 개의 핀을 세워 놓고 공을 굴려서 쓰러뜨리는 경기

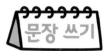

✏️ 문장을 읽고 2번씩 써 보세요.
한 번은 따라 쓰고, 또 한 번은 자기 글씨로 써 보세요.

①

집 근처 수영장에서 수영을 즐겼다.

②

방과 후에 우리 팀이랑 같이 야구할까요?

③

축구 팬들이 삼삼오오 경기장에 모여들었다.

④

피구 시간을 손꼽아 기다리고 있어요!

⑤

오늘은 주짓수를 배우러 가는 날이에요.

⑥

태권도 기본 동작을 배웠다.

⑦

클라이밍은 매우 흥미로운 스포츠예요.

⑧

필라테스가 인기를 얻고 있다.

다른 문장 써 보기

✏️ 연습한 단어를 이용해 새 문장도 만들어 보세요.

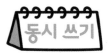

🖊 동시를 읽고, 따라 쓰기와 직접 쓰기를 해 보세요.

나는 물개

나는 물속의 물개
음파음파 입과 코로 숨을 쉬지

나는 물속의 물개
첨벙첨벙 팔과 다리를 휘젓지

나는 물속의 물개
수영을 하면 신이 나지

나는 물속의 물개
수영을 하며 친구랑 놀지

나는 물개

나는 물속의 물개
음파음파 입과 코로 숨을 쉬지

나는 물속의 물개
첨벙첨벙 팔과 다리를 휘젓지

나는 물속의 물개
수영을 하면 신이 나지

나는 물속의 물개
수영을 하며 친구랑 놀지

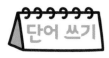 **단어 쓰기** ✏️ 단어를 4번 이상 써 보세요.

●● 2음절

 공원 공 원 공 원

국가나 지방 단체가
만든 정원 등의 시설

병원 병 원 병 원

병을 앓고 있는 사람을
진찰, 치료하는 곳

●●● 3음절

 **경찰서** 경 찰 서 경 찰 서

경찰 일을
맡아보는 관청

 도서관 도 서 관 도 서 관

온갖 자료를 모아 두고
볼 수 있도록 한 시설

 박물관 박 물 관 박 물 관

학술 자료 전시 등
교육 목적으로 만든 시설

소방서
소 방 서 소 방 서

소방에 관한 업무를
맡아보는 기관

●●●● 4음절

단독 주택

단 독 주 택   단 독 주 택

한 채씩 따로 지은 집

주민 센터
주 민 센 터   주 민 센 터

지역 주민들의 업무를
처리하는 관공서

다른 단어 써 보기

✏ 이 단어들도 공책에 따로 쓰기 연습을 해 보세요.

학 교 학생에게 교육을 실시하는 기관

너 와 집 붉은 소나무 조각으로 지붕을 올린 집

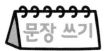
① 엄마와 이야기하며 공원을 산책했어요.

② 병원에 입원한 지 하루 만에 퇴원했어요.

③ 지갑을 주워 경찰서에 맡겼나요?

④ 학교 도서관에서 책을 빌렸어요!

⑤

나는 어제 박물관에 견학을 갔다.

⑥

소방서에 전화를 걸어 화재 신고를 했다.

⑦

단독 주택에서 강아지를 키우고 싶다.

⑧

주민 센터에서 가족 관계 증명서를 받았다.

다른 문장 써 보기

✏ 연습한 단어를 이용해 새 문장도 만들어 보세요.

도서관

나의 놀이터는 도서관

수박이 먹고 싶을 때는 『수박 수영장』
혼자 있을 때는 『심심해 심심해』
자전거를 배울 때는 『두발자전거 배우기』
물고기가 보고 싶을 때는 『무지개 물고기』

오늘은 어떤 책이랑 놀아 볼까?

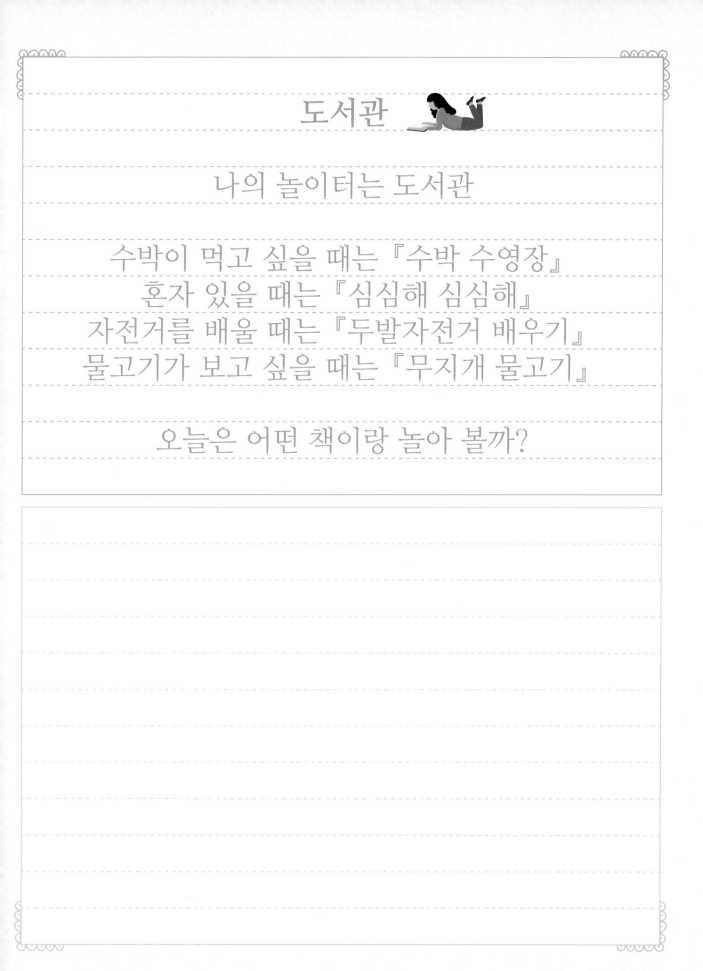

도서관

나의 놀이터는 도서관

수박이 먹고 싶을 때는 『수박 수영장』
혼자 있을 때는 『심심해 심심해』
자전거를 배울 때는 『두발자전거 배우기』
물고기가 보고 싶을 때는 『무지개 물고기』

오늘은 어떤 책이랑 놀아 볼까?

단어 쓰기 🖊 단어를 4번 이상 써 보세요.

●●● 3음절

굼뜨다

동작이 매우 느리다

| 굼 | 뜨 | 다 | 굼 | 뜨 | 다 | | | |

날쌔다

동작이 날래고 재빠르다

| 날 | 쌔 | 다 | 날 | 쌔 | 다 | | | |

●●●● 4음절

살금살금

눈치를 살피며 살며시 행동하는 모양

| 살 | 금 | 살 | 금 | 살 | 금 | 살 | 금 |

슬그머니

남이 알아차리지 못하게 슬며시

| 슬 | 그 | 머 | 니 | 슬 | 그 | 머 | 니 |

헐레벌떡

숨을 가쁘고 거칠게 몰아쉬는 모양

| 헐 | 레 | 벌 | 떡 | 헐 | 레 | 벌 | 떡 |

⬤⬤⬤⬤⬤ 5음절

갸우뚱하다

물체가 한쪽으로
약간 기울어지다

갸	우	뚱	하	다	갸	우	뚱	하	다

⬤⬤⬤⬤⬤⬤ 6음절

꾸물꾸물하다

매우 자꾸 느리게 움직이다

꾸	물	꾸	물	하	다	꾸	물	꾸	물	하	다

빠릿빠릿하다

똑똑하고 행동이 날래다

빠	릿	빠	릿	하	다	빠	릿	빠	릿	하	다

【 다른 단어 써 보기 】

✏ 이 단어들도 공책에 따로 쓰기 연습을 해 보세요.

확	행동을 망설임 없이 빠르고 시원스럽게 해내는 모양

끄	덕	이	다	고개를 아래위로 가볍게 움직이다

①

내 동생은 행동이 너무 굼떠요.

②

내 짝꿍은 몸이 날쌔고 힘이 세요.

③

그 애가 도둑고양이처럼 살금살금 다가왔다.

④

형이 슬그머니 내 손을 잡아 주었다.

⑤

동생은 집으로 헐레벌떡 뛰어왔어요.

⑥

머리를 갸우뚱하고 잠시 생각했어요.

⑦

굼벵이가 꾸물꾸물하며 땅 위를 기어간다.

⑧

빠릿빠릿해서 청소를 빨리 끝낼 수 있었다.

다른 문장 써 보기

✏ 연습한 단어를 이용해 새 문장도 만들어 보세요.

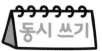

🖊 동시를 읽고, 따라 쓰기와 직접 쓰기를 해 보세요.

무궁화꽃이 피었습니다

우리 모두 다 같이
무궁화꽃이 피었습니다

한 발짝 한 발짝
술래를 향해 살금살금

한 번 더 한 번 더
술래를 향해 슬금슬금

우리 얼굴에는 모두
무궁화꽃이 피었습니다

무궁화꽃이 피었습니다
우리 모두 다 같이
무궁화꽃이 피었습니다

한 발짝 한 발짝
술래를 향해 살금살금

한 번 더 한 번 더
술래를 향해 슬금슬금

우리 얼굴에는 모두
무궁화꽃이 피었습니다

 **표정**

단어 쓰기 🖉 단어를 4번 이상 써 보세요.

●● 2음절

 방긋

| 방 | 긋 | 방 | 긋 | | | |

소리 없이 가볍게
한 번 웃는 모양

| | | | | | | |

 찡긋

| 찡 | 긋 | 찡 | 긋 | | | |

눈이나 코를 약간
찡그리는 모양

| | | | | | | |

●●● 3음절

 뚱하다

| 뚱 | 하 | 다 | 뚱 | 하 | 다 | |

못마땅하여 시무룩하다

| | | | | | | |

배시시

| 배 | 시 | 시 | 배 | 시 | 시 | |

소리 없이 가볍게
웃는 모양

| | | | | | | |

●●●● 4음절

 생긋뱅긋

| 생 | 긋 | 뱅 | 긋 | 생 | 긋 | 뱅 | 긋 |

소리 없이 가볍고 귀엽게 웃는 모양

| | | | | | | | |

싱글벙글

싱글벙글싱글벙글

소리 없이 정답고 환하게 웃는 모양

훌쩍이다

훌쩍이다훌쩍이다

콧물을 들이마시며 흐느껴 울다

⬤⬤⬤⬤⬤ 5음절

시무룩하다

말이 없고 얼굴에
언짢은 기색이 있다

시무룩하다시무룩하다

다른 단어 써 보기

✏ 이 단어들도 공책에 따로 쓰기 연습을 해 보세요.

히	죽	만족스러운 듯이 슬쩍 한 번 웃는 모양

발	씬	하	다	숫기 좋게 입을 벌려 소리 없이 방긋 웃다

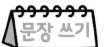 문장을 읽고 2번씩 써 보세요.
한 번은 따라 쓰고, 또 한 번은 자기 글씨로 써 보세요.

①

방긋 웃으면서 고개를 들었다.

②

형이 나에게 찡긋 윙크하며 신호를 보냈다.

③

얼굴이 왜 그렇게 뚱해요?

④

아기가 좋은 꿈을 꾸는지 배시시 웃는다.

⑤

아들은 아빠를 보자마자 생긋뱅긋 좋아한다.

⑥

칭찬을 듣고 하루 종일 싱글벙글 웃어요.

⑦

누나가 훌쩍이며 계속 콧물을 닦아요!

⑧

그는 시무룩한 얼굴을 하고 있다.

다른 문장 써 보기

✏️ 연습한 단어를 이용해 새 문장도 만들어 보세요.

✏️ 동시를 읽고, 따라 쓰기와 직접 쓰기를 해 보세요.

즐거운 설날

오늘은 즐거운 설날
가족들이 모두 모였어요

저 멀리 서울에서 온 고모는 싱글벙글
저 멀리 전라도에서 온 삼촌은 방긋방긋
저 멀리 경상도에서 온 작은엄마는 생긋뱅긋
저 멀리 제주도에서 온 큰아빠는 히죽히죽

나는 모두를 바라보며 배시시 웃지요

즐거운 설날

오늘은 즐거운 설날
가족들이 모두 모였어요

저 멀리 서울에서 온 고모는 싱글벙글
저 멀리 전라도에서 온 삼촌은 방긋방긋
저 멀리 경상도에서 온 작은엄마는 생긋뱅긋
저 멀리 제주도에서 온 큰아빠는 히죽히죽

나는 모두를 바라보며 배시시 웃지요

단어 쓰기 ✎ 단어를 4번 이상 써 보세요.

◉◉ 2음절

네모

네	모	네	모				

네 개의 선으로
둘러싸인 모양

◉◉◉◉ 4음절

가닥가닥

가	닥	가	닥	가	닥	가	닥

여러 줄로 갈라진 모양

구불구불

구	불	구	불	구	불	구	불

이리로 저리로 구부러지는 모양

꼬깃꼬깃

꼬	깃	꼬	깃	꼬	깃	꼬	깃

잔금이 생기게 자꾸
함부로 접는 모양

날카롭다

날	카	롭	다	날	카	롭	다

끝이 뾰족하거나 날이 서 있다

○ 동그라미

동 그 라 미 동 그 라 미

동그랗게 생긴 모양

동글동글

동 글 동 글 동 글 동 글

여럿이 다 또는 매우 둥근 모양

뾰족하다

뾰 족 하 다 뾰 족 하 다

물체의 끝이 점차
가늘어져서 날카롭다

다른 단어 써 보기

🖉 이 단어들도 공책에 따로 쓰기 연습을 해 보세요.

꼴 | 겉으로 보이는 사물의 모양

세 모 | 세 개의 선으로 둘러싸인 모양

📝 문장을 읽고 2번씩 써 보세요.
한 번은 따라 쓰고, 또 한 번은 자기 글씨로 써 보세요.

① 종이 위에 네모를 그렸나요?

② 긴 머리를 가닥가닥 나누어 땋았다.

③ 저녁연기가 구불구불 하늘로 올라간다.

④ 종이를 꼬깃꼬깃 접어 휴지통에 넣었어요.

⑤

새의 부리는 끝이 아주 날카롭다.

⑥

달력을 보고 생일날에 동그라미를 했어요.

⑦

동글동글 커다란 눈알을 이리저리 굴렸어요.

⑧

잎은 가늘고 길며 끝이 뾰족하다.

다른 문장 써 보기

✏️ 연습한 단어를 이용해 새 문장도 만들어 보세요.

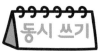
✏️ 동시를 읽고, 따라 쓰기와 직접 쓰기를 해 보세요.

아빠 얼굴

네모 네모 종이 위에
동글동글 아빠 얼굴을 스윽스윽

네모 네모 종이 위에
뾰족뾰족 아빠 눈썹을 쭈욱쭈욱

네모 네모 종이 위에
가닥가닥 아빠 머리카락을 좌악좌악

네모 네모 종이 위에
구불구불 아빠 입술을 슈욱슈욱

아빠 얼굴

네모 네모 종이 위에
동글동글 아빠 얼굴을 스윽스윽

네모 네모 종이 위에
뾰족뾰족 아빠 눈썹을 쭈욱쭈욱

네모 네모 종이 위에
가닥가닥 아빠 머리카락을 좌악좌악

네모 네모 종이 위에
구불구불 아빠 입술을 슈욱슈욱

📓 메모